EMPREENDEDORISMO NÃO TEM IDADE

*Vença seus medos e desculpas.
O extraordinário é para você*

PIETRO CEPEDA

Copyright© 2023 by Literare Books International
Todos os direitos desta edição são reservados à Literare Books International.

Presidente:
Mauricio Sita

Vice-presidente:
Alessandra Ksenhuck

Chief Product Officer:
Julyana Rosa

Diretora de projetos:
Gleide Santos

Capa:
@labstudiodigital e Anderson Cepeda

Projeto gráfico e diagramação:
Alex Alves

Revisão:
Ivani Rezende

Chief Sales Officer:
Claudia Pires

Impressão:
Gráfica Paym

Dados Internacionais de Catalogação na Publicação (CIP) (eDOC BRASIL, Belo Horizonte/MG)	

C399e	Cepeda, Pietro.
	   Empreendedorismo não tem idade / Pietro Cepeda. – São Paulo, SP: Literare Books International, 2023.
	   14 x 21 cm
	
	   ISBN 978-65-5922-727-3
	
	   1. Empreendedorismo. 2. Liderança. 3. Sucesso nos negócios. I. Título.
	                                                           CDD 658.4

Elaborado por Maurício Amormino Júnior – CRB6/2422	

Literare Books International
Alameda dos Guatás, 102 – Saúde– São Paulo, SP.
CEP 04053-040
Fone: +55 (0**11) 2659-0968
site: www.literarebooks.com.br
e-mail: literare@literarebooks.com.br

SUMÁRIO

Dedicatória ■ 5
Agradecimentos ■ 7
Mensagem ao leitor ■ 9
Prefácio ■ 11

1. Muito prazer, eu sou o Pietro! ■ 15
2. Desafios da imaginação ■ 21
3. O despertar do meu talento ■ 27
4. A virada de chave ■ 35
5. O desbravar ■ 41
6. O desbravar continua ■ 45
7. Nasce uma nova fase ■ 49
8. Requisitado! Eu? Tudo mudou! ■ 55
9. Treino e autoconfiança ■ 63
10. O maior dos desafios ■ 67
11. O que era grande aos meus olhos se tornou pequeno a minha dedicação ■ 73
12. Crise de identidade ■ 79

13. Pela segunda vez, palestrei no palco que me revelou ■ 85
14. Domine sua mente ■ 89
15. Saúde e seus estágios ■ 95
16. O poder da multiplicação ■ 101
17. Minha jornada no mundo do empreendedorismo ■ 107
18. A criatividade não tem limites ■ 113
19. Identidade e propósito ■ 125

Posfácio ■ 131
Anotações ■ 134

DEDICATÓRIA

Dedico este livro ao meu único salvador e criador, aquele com quem me conecto todos os dias: Senhor Jesus Cristo. Ele que me proporcionou tudo que vivo hoje. Sou eternamente grato por ter me dado tanto discernimento, conhecimento e sabedoria.

Também ao meu pai Anderson Cepeda e à minha mãe Carolina Cepeda, por sempre me apoiar, me impulsionar para crescer como uma semente numa terra fértil e virar uma grande árvore com muitos frutos. Desde o começo da minha jornada, me incentivaram e ensinaram tudo o que sei. Eles me fazem evoluir cada vez mais, além de me encherem de amor e carinho todos os dias.

À minha mentora Kelly Singularidade, por ter me preparado para eu estar onde estou hoje, me ensinando diversas técnicas, me apoiando, acompanhando e ajudando em muitas coisas. Além de mim, minha família compartilha um carinho enorme por ela, seu marido André e sua filha Nicolly, que faz uma grande diferença em nossas vidas.

AGRADECIMENTOS

Agradeço aos meus avós José Milton Rehem, Inalda Rehem e Valkiria Cepeda, por estarem sempre comigo, me apoiando.

Aos meus tios e tias Robson Rehem, Irany Rehem, Gonçalves de Souza, Andrey Cepeda, Demis Cepeda, Camila Cepeda, Alessandra Rehem e Simone Cepeda; e primos Nicole, Marco, Gustavo e Felipe.

A todos os meus familiares, por sempre acreditarem em mim.

Aos meus amigos, com quem compartilho momentos divertidos, que me dão muita energia.

Às pessoas que me inspiram: Pablo Marçal, Davi Braga, Júlia Vieira, Paulo Vieira, Joel Jota, Marcos Rossi, Marcos Paulo, Gilson Neves, Arthur Diniz, Tiago Rocha e Pr. André Fernandes, por compartilharem dicas e *insights* memoráveis comigo.

MENSAGEM AO LEITOR

Este é um livro que vai destravar sua mente, não acredite que algo tem idade para começar; muito menos o empreendedorismo.

Meu nome é Pietro Rehem Cepeda, tenho 14 anos, sou editor de vídeo, palestrante e empreendedor. Estou aqui para contar a minha história e mostrar que nunca é cedo – nem tarde demais – para fazer algo que você gosta de fazer, independente de circunstâncias, recursos e tempo.

PREFÁCIO

Neste prefácio, dirigido a um jovem de 14 anos, celebramos sua jornada até aqui e o encorajamos a enfrentar o futuro com confiança. Eu reconheço suas experiências, desafios e conquistas, que o moldaram até este momento. Destaco que ele está prestes a embarcar em uma nova fase da vida cheia de oportunidades e crescimento pessoal. Pietro quero te encorajar a abraçar suas paixões, talentos e curiosidades, a perseguir seus sonhos com coragem e a lembrar que você tem o poder de moldar seu próprio destino, mas nunca deixe de começar entendendo qual é a vontade de DEUS, sabe por quê? Simples, ela é boa, perfeita e agradável. Este prefácio serve como uma inspiração para desbravar o próximo capítulo da vida com confiança, resiliência e determinação, resumindo, tendo uma Visão clara e perseverando nela.

É com grande alegria que tenho a honra de escrever o prefácio para este livro, escrito pelo jovem prodígio, Pietro Rehem Cepeda. Eu com 25 anos de idade, e 12 anos de trabalho duro dentro do dinâmico mundo que é o digital, posso dizer com confiança que raramente encontrei alguém tão jovem e brilhante quanto você, Pietro, com um senso de responsabilidade de gente grande, temos isso em comum e sei o quanto nos leva a graus de cobrança.

Mas aqui quero mostrar a leveza de quando se chega ao resultado, isso mesmo, as pessoas que zombavam e diziam que era um sonho tudo que você idealizou, poder agora, ler páginas deste livro tão entusiasta, e focado em uma jornada de sucesso iniciada.

O título deste livro já revela sua mensagem central: o empreendedorismo não está limitado pela idade. Não é definido por quantos anos você viveu, mas sim pela profundidade de sua paixão, determinação e criatividade. E Pietro, com sua pouca idade, tem essas qualidades de forma excepcional.

Enquanto muitas pessoas poderiam ter fugido em vez de encarar esta jornada empreendedora, aos 14 anos, Pietro vive este desafio, abraçando-o com uma coragem surpreendente. Isso me fez lembrar do início da minha jornada aos 12 anos de idade, na qual a fagulha do empreendedorismo se iniciou e me fez percorrer caminhos extraordinários, e conquistas inimagináveis, como o primeiro milhão antes de dar o primeiro beijo e, Pietro, você pode até ter dado o primeiro beijo, mas sei que alcançará da mesma forma resultados surpreendentes.

E posso afirmar que, ao longo deste livro, você será guiado por uma jornada extraordinária, desde os primeiros passos deste jovem empreendedor no mundo dos negócios até os sucessos que ele alcançou com tão pouca idade.

É claro que tenho que expressar que isso acontece, pois sei que você é um conhecedor dos princípios que realmente fazem uma pessoa ser bem-aventurada e bem-sucedida, primeiro sua obediência a seus pais aqui na Terra, olha o que diz Efésios 6:1-4:

> Filhos, obedeçam a seus pais no Senhor, pois isso é justo. "Honra teu pai e tua mãe" – este é o primeiro mandamento com promessa – "para que tudo te corra bem e tenhas longa vida sobre a terra".

Tenho certeza que, quando o Anderson e a Carolina lerem este texto, concordarão comigo, você é uma benção na vida deles, assim como eles são na sua.

Além de tudo, posso dizer que este livro vai além de uma simples história de sucesso. Ele é um exemplo do poder da juventude, da audácia de sonhar alto e da importância de acreditar em si mesmo, independentemente das circunstâncias. Pietro não apenas nos inspira com suas realizações, mas também compartilha valiosas lições que beneficiarão pessoas de todas as idades.

À medida que você lê as páginas a seguir, permita-se ser cativado pela visão e coragem prática que o Pietro compartilha. Este livro é um farol para todos aqueles que têm um sonho, independentemente de quão jovens ou velhos sejam. Ele nos lembra que a idade é apenas um número, e o verdadeiro poder reside na ação e na paixão.

Portanto, prepare-se para embarcar em uma jornada de inspiração e aprendizado. Este é mais do que um livro; é um chamado para uma geração que se atreve a sonhar grande e a transformar esses sonhos em realidade, pela obediência a princípios e valores, que são imutáveis ao tempo.

Parabéns, Pietro, por compartilhar sua história e visão com o mundo cada vez em mais escuridão. Seu impacto é gigante, e estou ansioso para ver as muitas conquistas que o futuro reserva para você. Que este livro inspire diversas gerações de empreendedores, jovens e velhos, a seguir seus próprios sonhos e acreditar na magia da obediência, e a espera com trabalho duro e ético, que é transformar sonhos em realidade, preservando nossa IDENTIDADE EM DEUS.

Arthur Diniz
O jovem que faturou um milhão
antes do primeiro beijo.

CAPÍTULO 1

MUITO PRAZER, EU SOU O PIETRO!

Vou contar algumas coisas sobre minha história. E ela começa assim. Nasci no bairro tradicional da Mooca, em São Paulo, no dia 14/02/2009.

Ao chegar em casa, após a saída da maternidade, mostrei ao mundo para que vim. Botei a boca no trombone e não parava de chorar. Foi aí que minha mãe descobriu que ela não tinha muito leite materno; e eu chorei, chorei muito.

Então, meus pais tiveram que me dar leite em pó. Tomei uma mamadeira de 60 ml, sendo apenas um recém--nascido. Quando terminei de tomar, meu choro finalmente cessou. Viu só, sempre fui um bom comunicador, desde cedo sabia o que queria.

Outra parte da minha vida que meus pais me contam é que, no meu aniversário de 2 anos, as condições financeiras em casa estavam muito difíceis, estávamos praticamente quebrados, meu pai estava sem trabalho e o que minha mãe ganhava quase nem dava para pagar as contas.

Estava chegando o dia do meu aniversário, não ia ter festa pois não tínhamos dinheiro. Então, fomos ao shopping e meu pai, para me dar uma lembrancinha de presente, comprou um McLanche Feliz. Eu não entendia o que estava acontecendo, mas ganhar aquele brinquedo que vinha de brinde com o lanche e estar com minha família comemorando já era uma grande felicidade.

A data não passou em branco, Deus agiu e moveu meus familiares. Ao saber que não íamos fazer nada, meus tios e avós compraram os salgados e os refrigerantes. Com o pouco que meus pais tinham, conseguiram comprar alguns doces e o bolo. Fiquei extremamente feliz com aquilo. Para mim, o que importava era a diversão.

Sou uma criança de classe média. Desde pequeno, estudo em colégio particular e faço inglês em outra escola, onde iniciei com sete anos de idade. Ter outra língua de base foi algo que meus pais sempre consideraram ser importante e deram um jeito para que eu não desistisse. Confesso que gosto muito de inglês, uso na minha profissão e no meu lazer. Meus pais sempre me incentivaram a cultura, como leitura, teatros, circos e cinemas.

Eu fui uma criança – e sou até hoje – muito incentivada, estimulada e patrocinada pela minha família. Sei que isso fez muita diferença para me tornar quem sou hoje.

Minha infância foi bem tranquila, mas também desafiadora emocionalmente. Meus pais contam que sempre fui um menino muito animado, falante, amoroso, que adorava ouvir e contar histórias, e muito empático. Sabe aquela criança que está sempre disposta a ajudar e com uma energia sem fim, era a primeira a chegar e a última a sair de uma festa? Então... Este sou eu!

Fui uma pessoa que se doava demais pelos outros. Nunca fazia o que gostava de fazer, fazia sempre o que meus amigos pediam. Não me sentia amado de verdade por eles e essa foi a única forma que encontrei para tentar arrumar isso.

É claro que alguns de meus "amigos" se aproveitavam de mim. Quando não queria fazer o que pediam, porque percebia que se aproveitavam da minha boa vontade, rolava briga, eu me machucava bastante e subia para casa chorando.

Quando cresci e destravei isso ao longo do tempo, acabei perdendo amizades. Mas está tudo bem, porque aquilo roubava quase toda a minha energia e já não aguentava mais sofrer por aquilo.

Quando se tem autoconhecimento e sabe quem se é verdadeiramente, não se deixa abalar por esse tipo de coisa, pois a pessoa está dizendo mais sobre ela do que sobre você. Com isso, vem a blindagem emocional, eu tive que aprender a equilibrar minhas emoções, entender que eu não podia controlar as situações a minha volta e que nem tudo era minha culpa. Assim você aprende cada vez mais a resolver problemas e lidar com eles.

Meus pais me ensinaram muito, tanto valores como princípios. Desde pequeno, sou temente a Deus e frequento a igreja cristã. Sempre valorizei muito todos os momentos com eles, porque são a minha maior riqueza. Somos uma família em unidade e temos muitas memórias juntos, conhecemos outros países e culturas. Isso fez com que eu expandisse muito minha criatividade e que nossos laços em família ficassem mais fortes.

Com a diversidade cultural, ao ter contato com novas culturas e diferentes pessoas, a criança desenvolve mais empatia, consciência social e responsabilidade. Além de ampliar a comunicação, a inteligência, a criatividade e a habilidade de solução de problemas.

TAREFAS

1. Descreva de que forma você, como pai/mãe, ensina seu(sua) filho(a) sobre valores e princípios e como reforçá-los. Lembre-se de que valores e princípios inegociáveis formam o caráter e ajudam seu(sua) filho(a) a crescer em identidade e propósito.
   E você, como filho(a), descreva a seguir quais são valores e princípios e como praticá-los para reforçar isso na sua identidade.

   _____

   _____

   _____

2. O que você entendeu sobre blindagem emocional e em quais situações você irá utilizá-la?

   _____

   _____

   _____

CAPÍTULO 2

DESAFIOS DA IMAGINAÇÃO

Sabe aquela pergunta que tenho certeza de que já ouviu: "O que você quer ser quando crescer?". Eu nunca sabia ao certo o que responder, porque não sabia o que faria ainda.

Meu pai Anderson é DJ, mais conhecido como DJ ANDY. Eu dizia que queria ser um DJ também e continuar o legado de meu pai, porque música é algo que amo. Já minha mãe queria que eu fosse um mestre na computação e me colocou para fazer aulas de robótica. Mas não deu muito certo, porque não gostei do tanto que minha mãe esperava. Depois disso, ela me colocou na natação. Acho que ela pensava que eu seria o próximo Michael Phelps. Pelo menos, consegui realizar o que minha mãe queria de mim: não morrer afogado.

Eu também adorava brincar com meus amigos de coisas fantasiosas, e qualquer personagem que eu encenava adorava imitar as vozes deles. Para deixar a atuação mais fiel, às vezes me fantasiava do personagem. Isso fez com que despertasse em mim um sentimento de ser ator ou dublador.

Algo que também adorava fazer era contar piadas para amigos e família. Sempre gostei de ver as pessoas rindo e se divertindo. Por um curto período, já tive vontade de ser comediante.

Como a descoberta da profissão não tem idade definida, pela pressão da sociedade geralmente é feita a escolha entre 17, 18 ou 19 anos. No meu caso, aos 12 anos, estava mais preocupado em descobrir um mundo cheio de novidades, experimentando coisas novas, não imaginava que meu consumo em jogos e vídeos um dia, e tão cedo, viraria minha profissão.

Acredito que, assim como eu, você já passou, ou está passando, por várias fases até decidir o que quer fazer. Mas uma coisa que aprendi é que você não precisa ter um rótulo e morrer com ele, e sim se aventurar, descobrir novas habilidades e aumentar seu repertório de ideias. A partir de hoje, não fale que você é tal profissão, fale que está em tal profissão. Isso pode ser passageiro ou não. Faça o que nasceu para fazer e seja o que nasceu para ser: a imagem e semelhança do Criador.

TAREFAS

1. Se você ainda não definiu sua profissão, vou deixar simples exercícios que o ajudarão nessa descoberta:
Não sabe quais são suas habilidades, liste as 5 coisas que mais gosta de fazer, aquelas que o faz feliz e motivado.

_____

_____

_____

DESAFIOS DA IMAGINAÇÃO **25**

2. Pergunte a amigos e familiares sobre o que eles acham em que você é bom ou admiram em você.

_____

_____

_____

3. Reflita sobre situações em que você se destacou, obteve reconhecimento ou sucesso. Mesmo que tenham sido situações simples.

_____

_____

_____

4. Invista nas habilidades e em coisas que você descobriu e conte como foi essa experiência.

_____

_____

_____

CAPÍTULO 3

O DESPERTAR DO MEU TALENTO

Dia 20/03/2020, o dia em que o Brasil todo parou por conta da COVID-19. Todos ficaram em suas casas por um grande período e começou um novo mundo *on-line*. Minhas aulas eram pelo meu computador em casa; tudo, de alguma forma, que eu fazia era usando a tela do meu computador ou celular. A privação da socialização naquele momento intensificou meu uso em tecnologia, pensava que estava me distraindo, quando na verdade eu estava ficando cada dia mais dependente.

Horas no celular, computador e *videogame*, dia após dia. Depois das minhas obrigações escolares, gastava todo o meu tempo nisso, absorvendo um conteúdo que não ia me agregar em quase nada.

Isso são vícios silenciosos. Você não percebe que está se afundando em algo e acha normal gastar muito tempo naquilo. Sabemos que o tempo gasto não voltará. Então, no lugar desse vício ruim, substitua-o por outro bom. Tire o melhor dele e pegue todos os *insights*. Quando você perceber que está gastando tempo demais nele, mude e repita o processo.

Para adquirir um novo hábito, normalmente serão necessários pelo menos 21 dias de constância e repetição até que o seu cérebro estabeleça uma nova conexão neural.

Como eu ficava quase o dia todo no YouTube, meu pai me fez uma proposta para criar meu próprio canal. Isso era um sonho que tinha há muito tempo. Eu e ele tínhamos certeza de que a hora era aquela.

Sobre a edição do meu canal, ele me falou que faria o primeiro vídeo. Se eu quisesse continuar, teria que me virar. No início, tomei aquela frase como um desafio. Mas você sabe, né? Adolescente sempre gosta de deixar tudo para depois... Ficar empurrando com a barriga... Procrastinar... E foi exatamente isso que eu fiz.

Continuei perdendo meu tempo nas mesmas coisas, não queria sair da minha zona de conforto, não queria me desafiar a fazer algo novo.

Até que uma hora meus pais pegaram tanto no meu pé que fui fazer, mas sem vontade nenhuma. Admito que peguei um pouquinho de gosto fazendo isso e acabou se tornando só um *hobby*. Depois de um tempo, como estava fazendo por contragosto, resolvi desistir. Nem aquele pouquinho de gosto que criei conseguiu me motivar para continuar. Então, voltei à estaca zero, a ficar improdutivo.

Até que veio a minha virada de chave. Meu pai foi o culpado disso e estava muito mais do que certo, me incentivando e me motivando. Por isso, se você é pai ou mãe e está lendo isso, incentive seus filhos a fazer algo que tenham vontade de fazer, porque sou fruto disso e garanto que não vai se arrepender.

A importância do incentivo é que, quando aplicado na pessoa que o recebe, cria engajamento e animação para atingir um resultado.

Então, um dia meu pai me perguntou se eu não queria voltar a fazer meus vídeos para o canal no YouTube. Respondi que sim, porque aquela vontade dentro de mim ainda não havia sumido. Ele pegou o celular, me mostrou alguns vídeos, me perguntou se eu gostava do que estava vendo e se queria aprender. Respondi que sim. Meu pai baixou o programa de edição de vídeo no meu computador.

Peguei alguns tutoriais básicos e descobri como aquele mundo funcionava. Depois de um tempo, já conseguia entender algumas coisas avançadas, estava evoluindo aos poucos nas minhas edições e aplicava nos vídeos do meu canal. Uma coisa que aprendi no meio desse processo: quando você aprende e não pratica, não aprende de verdade. Então, coloque as coisas boas que aprendeu em prática para virar um hábito.

Um *insight* que peguei quando estava assistindo a um *podcast* do Joel Jota[1] é: "o talento só serve para começar a se destacar em algo; depois, vem o treino; com o treino, vem o hábito e você será recompensado".

Depois de um bom tempo só pegando os tutoriais na internet, senti que já precisava avançar para a próxima fase e subir meu nível. Então, com meu pai, decidi comprar um curso de edição de vídeo. Estava confiante que dominaria aquele mundo que passava quase todos os dias treinando.

Ao longo do processo, descobri coisas novas e entendi outras com mais clareza. Só no final do curso que peguei o real gosto de fazer aquilo porque virei uma chave de criatividade na minha mente, ganhei meu certificado como uma recompensa de aprendizado e pelo investimento gasto.

Celebre suas conquistas, porque assim dará mais vontade de atingir as próximas. Agora, não ache que só deve

---

1. Joel Jota é palestrante reconhecido, ex-atleta da seleção brasileira de natação e mestre em Ciências do Esporte pela Escola de Educação Física e Esporte (EEFE-USP). Foi coordenador geral do Instituto Neymar, professor universitário e treinador de mais de mil atletas.

celebrar as grandes conquistas. Comemore até as micro vitórias; a soma de todas gera um resultado exponencial.

Voltei para os tutoriais na internet em um conteúdo mais avançado. Alguns em inglês; outros em português.

Todo esse processo de aprendizado fez minha mente explodir várias vezes. Com tudo isso, consegui desenvolver minha criatividade, não perdia mais meu dia inteiro com coisas que não me fariam crescer. Estava orgulhoso por ter me permitido realizar isso tudo.

Faça o mesmo com você, se permita realizar coisas novas, não ligue para o que os outros falarão. Garanto que, se fizer isso, terá novas ideias, expandirá sua mente e obterá novos resultados na sua vida.

É importante nos mantermos conscientes assim como a teoria de Freud[2], que acreditava que as pessoas poderiam ser curadas tornando conscientes pensamentos e motivações inconscientes, obtendo assim *"insight"*. O objetivo da terapia psicanalítica é liberar emoções e experiências reprimidas, ou seja, tornar o inconsciente consciente.

TAREFAS

1. Liste, a seguir, seus vícios silenciosos e quais substituirá com vícios bons? Lembre-se de repetir esse processo.

_____

_____

---

2. Sigmund Freud, neurologista e psiquiatra austríaco, criador da psicanálise, é a personalidade mais influente da história no campo da psicologia.

2. O que treinará a partir de agora para se destacar e se tornar um hábito? Por quê?

_____
_____
_____

3. Que atitude tomará a partir de agora para sair da zona de conforto?

_____
_____
_____

4. O que você entendeu sobre o incentivo e quais métodos incluirá como incentivo para si mesmo e aos outros ao seu redor?

_____
_____
_____

CAPÍTULO 4

A VIRADA DE CHAVE

Lembra que eu falei sobre a pandemia? Agora, vou dar uma complementada como foi toda essa experiência.

Como tudo parou, meu pai ficou sem trabalho por conta de ser DJ. Todos os eventos foram cancelados. Eu sei que para muitas pessoas esse período foi terrível, mas para nós, se isso não tivesse acontecido, eu não teria vivido nada disso até aqui. Ele já havia buscado conteúdos sobre inteligência emocional e empreendedorismo. Pesquisando no YouTube, ele acabou caindo num vídeo do Kaisser, um empresário, investidor, eleito o melhor profissional *E-commerce* do país em 2018, pelo Afiliados Brasil.

Quando finalizou o vídeo, o algoritmo recomendou um vídeo do Pablo Marçal. Assim que ele ouviu a palestra do Pablo, a cabeça dele explodiu, porque falava sobre inteligência emocional, espiritual e empreendedorismo.

A partir daí, meus pais começaram a absorver o conteúdo e se tornaram alunos do programa 10 × 1, um programa de desenvolvimento pessoal. Em pouco tempo, aquele aprendizado acabou reverberando em mim, pois vi a mudança na minha casa.

Nós entramos neste mundo como eternos alunos, fomos em imersões e em diversos eventos; e continuamos assim até hoje. Aprendemos sobre família, princípios e valores, comunicação, desenvolvimento pessoal e humano, e sobre *marketing digital*. Foi por causa desse conteúdo adquirido, que decidi me movimentar e me tornar um editor de vídeo.

Uma dica muito valiosa: se movimente, saia da sua zona de conforto e produza resultados que falarão por você. As pessoas podem até te ignorarem ou não gostarem de você, mas nunca ignorarão seus resultados.

Meu pai estava vendo uma *live* da esposa de um amigo, que entrava no contexto que estávamos estudando. Como ele conhecia a palestrante por ter trabalhado como DJ na festa de aniversário na casa dela, convidou ela e o marido para tomar um café em nossa casa. Mal sabia eu que futuramente ela viraria a ser minha mentora.

Quando eu a vi, me chamou a atenção. Além do seu cabelo preso em coque, meio rabo de cavalo, tinha vitiligo. Foi a minha primeira vez que tive contato com uma pessoa com tanta intensidade. Em casa, nos divertimos bastante por serem muito parecidos conosco. Tivemos uma conexão muito forte. Entre as conversas, ela nos contou que estava fazendo um evento em que lançaria o livro *Vitiligue-se*[3] e teriam alguns renomados palestrantes como convidados. Meus pais acharam incrível, mas eu não estava dando tanta bola assim, porque estava no meu celular.

De repente, ela me fez uma pergunta: "O que você faz?". Nessa hora, me arrumei na cadeira, tomei postura e respondi com uma voz firme: "Eu faço edição de vídeo e es-

---

3. SINGULARIDADE, Kelly. *Vitiligue-se: um verdadeiro SINGU manual de como vencer as adversidades e tocar o coração de milhares de pessoas (sem reclamar)*. São Paulo: Literare Books International, 2022.

tou me aperfeiçoando para gravar meu curso". Ela fez mais algumas perguntas e analisava como eu respondia cada uma delas com um olhar de mistério, ficava com a mão no rosto e me observava a todo o momento. Sem entender nada, só respondia às perguntas, mas um pouco curioso para saber o que estava passando na cabeça daquela mulher, até porque era a primeira vez que eu a via e já estava falando aquelas coisas para mim. Então, ela olhou no fundo dos meus olhos e me contou que só faltava o último palestrante para ser confirmado, não tinha ninguém ainda, mas ali ela teve uma confirmação de que seria eu.

Eu fiquei surpreso, porque nunca tinha feito uma palestra na minha vida. Meus pais ficaram assim como eu, mas com muita felicidade. Eles nunca imaginaram que uma oportunidade assim poderia surgir na minha vida. Era uma oportunidade gigantesca, por isso aceitei na hora, mas minha ficha não caiu tão rápido. O frio na barriga veio depois, com o medo. Como fiquei nervoso, ela me acalmou dizendo que eu seria mentoreado e treinado por ela.

Assim, se iniciava a minha jornada para a minha primeira palestra no evento Singulare, da Kelly Singularidade.

TAREFAS

1. Escreva, a seguir, 5 conhecimentos que você precisa para mudar a sua vida e a da sua família. Lembrando que precisam ser aplicados, pois gera obesidade cerebral. Então, faça um planejamento de como aplicá-los.

_____

_____

2. Você conseguiu perceber a importância de um bom posicionamento, da sua voz e postura? Ele pode abrir diversas portas na sua vida. Durante a próxima semana, em ambientes de alto nível, tenha um bom posicionamento e escreva como foi sua experiência.

_____

_____

_____

CAPÍTULO 5

O DESBRAVAR

Preparo para a palestra

Depois daquela conversa, tinha algumas tarefas para fazer, uma delas era comprar e ler o livro do TED TALKS[4], que ensina uma ótima forma de comunicação para palestrar como os maiores e melhores palestrantes.

Comecei a ler o livro em uma viagem que fiz com minha família para Paris, em 2021. Era o meu passatempo durante o final de ano lá. Todo dia me dedicava e lia pelo menos um capítulo. Esse livro foi ótimo, me deu um norte para pensar na estrutura da minha palestra. Fiquei tão animado com todos os *insights* que fiz uma minipalestra para meus pais.

Também tive minhas mentorias. Em uma delas, Kelly me mandou fazer mais uma tarefa: ler sobre a história do Coronel Sanders[5] e do Walt Disney[6]. No começo, não fiquei

---

4. ANDERSON, Chris. *TED Talks: O guia oficial do TED para falar em público*. Tradução: Renata Guerra e Donaldson M. Garschagen. São Paulo: Intrínseca, 2016.

5. Coronel Harland David Sanders, empresário americano, conhecido por fundar a cadeia de restaurantes de *fast food* de frango Kentucky Fried Chicken e, mais tarde, atuar como embaixador da marca da empresa e símbolo. Seu nome e imagem ainda são símbolos da empresa.

6. Walter Elias Disney, conhecido como Walt Disney, foi um produtor cinematográfico, cineasta, diretor, roteirista, dublador, animador, empreendedor, filantropo e cofundador da The Walt Disney Company.

muito animado, mas depois fiquei impressionado por todas as situações que os dois passaram. Então, percebi que a história dos dois fazia sentido com a minha.

Não deixe pedras no seu caminho atrapalharem seu objetivo final, não ouça pessoas que vão te falar que isso ou aquilo não é para você, mantenha-se firme no seu propósito, desistir não é uma opção.

Para finalizar a montagem da palestra, chamei meus pais para que me ajudassem no processo criativo e para me lembrarem sobre algumas coisas que tinha esquecido ao longo da minha trajetória. Além disso, eles me ajudaram no meu psicológico, para não ficar nervoso no palco. Afinal, eu estava com um peso gigantesco nas minhas costas, porque era a única criança como um palestrante para inspirar pais e jovens que estariam no evento. Não podia desapontar as pessoas, tinha que mostrar que a idade não impede o que se quer fazer.

TAREFAS

1. Se você tem medo de falar em público, vou te passar exercícios simples e diários para seu treino.

2. Fale em voz alta com uma caneta entre os lábios, isso o ajudará a treinar sua dicção e a postura da sua voz.

3. Leia um texto, comece pelo fácil depois vá aumentando a complexidade, em voz alta em frente ao espelho. Depois, comece a apresentar esses textos para sua família.

4. Faça pelo menos 2 vezes na semana até que esteja pronto para falar para um público maior.

CAPÍTULO 6

O DESBRAVAR CONTINUA

Já no Brasil, voltei com um sentimento de começar a transbordar na vida das pessoas antes da palestra. Então, ativei meu Instagram e comecei a movimentá-lo com meu conteúdo de edição de vídeo. Por falar nisso, fiz dois vídeos para o evento: um de chamada e, outro, para a entrada da minha mentora e idealizadora do evento, a Kelly. Dediquei-me muito nos dois e recebi um *feedback* positivo dela. Fiquei muito feliz que o tempo gasto para aprender e produzir os vídeos estava dando resultado.

Também comecei a modelar pessoas relevantes e que já estavam aonde eu queria chegar. Elas foram minha inspiração. Faça isso na sua vida, foque em seguir pessoas relevantes para você chegar mais rápido ao seu objetivo. Isso ajudou a intensificar meus estudos sobre *mindset* e palestras, vi *lives* para me comunicar melhor, analisei palestrantes em eventos que eu ia, o que fortaleceu meu entendimento pela coisa.

Até que chegou o dia tão esperado: 19/02/2022, o grande dia da minha palestra.

TAREFAS

1. Escreva, a seguir, no mínimo 5 pessoas com um conteúdo relevante que você começará a acompanhar a partir de hoje.

_____

_____

_____

2. Estude a história de vida de duas pessoas e escreva, nas linhas a seguir, os *insights* que pegou.

_____

_____

_____

CAPÍTULO 7

NASCE UMA NOVA FASE

Acordei bem cedinho, porque seria uma longa viagem até Jundiaí, onde aconteceria o evento. Apesar de estar com toda a palestra desenhada na minha cabeça, meus pais perceberam que estava faltando mais verdade na minha história, para ficar mais viva e mostrar para as pessoas quem realmente é o Pietro.

Aproveitamos o caminho de ida ao evento para exercitar nossos cérebros gerando novas ideias. Tudo aquilo deu um ar totalmente novo do que era antes. Fiquei muito feliz com o resultado. E comecei ali mesmo a treinar.

No hotel, preenchemos a ficha de cadastro, deixamos nossas malas no quarto e já fomos conhecer a estrutura onde tudo aquilo aconteceria. Testamos o vídeo de abertura, graves das caixas e organizamos todo o espaço com a Kelly, o André, seu marido, e Nicole, sua filha. Quando terminamos o trabalho, já era tarde da noite. Estava muito cansado, por isso jantamos e fomos dormir. Afinal, o dia seguinte seria cheio.

Depois do café da manhã, fomos até o auditório em que seria a palestra e treinei minha fala no palco. Fiquei muito nervoso só de ver o tanto de cadeiras vazias. Percebi que meus pais também estavam apreensivos.

Quando as portas do auditório abriram, o espaço ficou lotado. Para me acalmar, assisti a várias palestras interessantes de outras personalidades, o que me deixou mais confiante. Quando chegou a minha vez, eu tremia muito. Então, Denis Cruz conversou comigo, me orientou e fiquei mais tranquilo e focado.

Eis que fui anunciado

Quando acabei de conversar com Denis Cruz, Kelly subiu no palco e anunciou o meu vídeo de abertura para me chamar. Assim que subi, dei um abraço na Kelly e comecei a falar com minhas mãos e pés tremendo. Por mais que tentasse me controlar, senti que não estava conseguindo fazer o que fui chamado para fazer ali.

Enquanto eu falava, via meus pais orgulhosos. Minha mãe chorando e meu pai me filmando. Fiquei muito feliz de vê-los assim, nunca deixaram de me apoiar e nunca vão deixar. Algo que sempre me falam é: "não importa a decisão que irá tomar, nós sempre estaremos juntos com você".

Isso é estar em unidade com a família. Se a decisão que eu tomar for ruim, está tudo bem, eles estarão comigo e esclarecerão o porquê aquilo foi ruim, para aprender com meus erros, minhas frustrações e ver o lado bom da situação. Como diz Pablo Marçal: "você nunca perde; ou ganha ou aprende".

Minha primeira vez palestrando foi incrível. Impactei a vida de muitas pessoas. Algumas vieram falar comigo dizendo que me tornaria uma referência para eles e seus filhos. Agradeço a cada um de vocês que expressaram carinho e apoio por mim, é isso que me motiva a continuar.

Eu não esperava receber um *feedback* tão positivo da plateia nem dos próprios palestrantes. Fiquei muito feliz que todo o meu esforço valeu a pena. Adorei aquela experiência desafiadora de subir no palco. Isso fez com que eu decidisse me tornar um palestrante e continuar fazendo o que nasci para fazer.

Nesse dia, criei metas sobre o que fiz: espalhar minha mensagem para mais jovens e adultos que não acreditam que, por conta da idade, não conseguem fazer o que têm vontade e se aperfeiçoar no ramo. Quando você estabelece metas e realmente quer realizá-las, avança mais rápido. Faça isso na sua vida.

Quais são as metas que você quer realizar? Ao ter consciência disso, pare de se acomodar e mude, porque ninguém fará isso por você.

Viva nessa frequência de constante mudança, se imagine aonde quer chegar. Sentindo o cheiro, o gosto e o tato, mentalize!

TAREFAS

1. Coloque uma mensagem que você quer espalhar para as pessoas, o propósito que queima no seu coração e como fará para torná-lo real.

_____

_____

_____

2. Estabeleça 5 metas para você realizar e subir de nível, colocando datas para começar e um plano de ação.
_____
_____
_____

3. Coloque, a seguir, uma experiência desafiadora que quer realizar para destravar a sua mente. Ao fazê-la, coloque os *insights* que pegou.
_____
_____
_____

CAPÍTULO 8

REQUISITADO! EU? TUDO MUDOU!

Depois daquele dia cheio, voltamos para casa. Muitas coisas que antes eu nem ligava tanto assim, começaram a mudar na minha vida. Percebi que tinha que continuar meu processo, ele não parou ali; na verdade, estava só começando. Nos dias seguintes, recebi muitas mensagens positivas sobre o evento e o conteúdo compartilhado, e isso só me deu mais sede de ir atrás.

Continuei minha preparação, indo a palestras para desenvolver meu *mindset*, sempre me colocando em posição de aluno, aprendendo bastante e reforçando cada vez mais meus valores e princípios.

Se você quiser ensinar algo para alguém, continue sempre em movimento, se colocando em posição de aluno, absorvendo cada vez mais conhecimento para aumentar seu repertório.

Depois de um tempo, fui convidado para ir a outro evento e nele fui pego de surpresa para falar um pouco.

Uma recaída, um recomeço

Fiquei muito feliz que meus resultados estavam florescendo, até porque tinha acabado de sair de um evento e já estava indo palestrar em outro.

O evento seria em Alphaville, na cobertura de um hotel. Mas cometi um erro grave: pensava que só porque tinha acabado de palestrar no Singulare não precisaria treinar, e não me preparei para o evento.

Devemos ter total cuidado com o excesso de autoconfiança, pois, quando se deixa levar por ela, pode acabar cometendo deslizes que farão com que não tenha o resultado esperado por falta de preparo, assim como aconteceu comigo.

Ouvi ótimas palestras naquele dia, com muita atenção, e extraí diversas informações importantes para a minha vida. Mas cada vez que o tempo passava, eu começava a ficar mais nervoso. Até então estava tudo certo, porque eu já tinha lidado com aquele tipo de nervosismo antes e, quando tinha um tempo livre, treinava.

Descobri que seria o penúltimo a palestrar. Assim, teria mais tempo para treinar e controlar meu nervosismo.

Quando chegou a minha vez, enquanto eu assistia ao meu vídeo de abertura, a adrenalina começou a subir, meu coração disparou, minha boca ficou seca e um frio na barriga me tomou por completo. Comecei a falar e simplesmente travei, minha mente deu branco gigantesco, não conseguia lembrar nada da minha palestra. Todos me olhando e aquele silêncio que parecia uma eternidade ecoando no vazio sem fim.

Meu pai, percebendo meu estado emocional, pediu mais tempo para que eu pudesse falar com naturalidade. Mesmo assim, nada mudou. Comecei a enrolar minha palestra, porque não lembrava, perdi o controle, tremia muito, minha voz embargava a todo momento.

Ao finalizar, todos aplaudiram. Alguns porque conseguiram pegar a mensagem que eu queria passar ali e realmente gostaram; outros fazendo um positivismo maquiado, somente porque eu era uma criança e estava falando lá na frente, tendo a coragem que muitos adultos não têm.

Experimentei a empatia das pessoas. Tenha empatia, trate as pessoas da forma que você gostaria de ser tratado.

Saí do auditório muito triste. Sabia que poderia ter entregado muito mais se tivesse treinado de verdade, mas não foi o que aconteceu. Meu pai veio conversar comigo para me confortar. "Filho, apesar do resultado que você teve, está tudo bem, porque nunca perde ou ganha, ou aprende!". Eu sabia que era verdade o que ele estava falando, mesmo assim aquilo não tirou a dor que estava dentro de mim. E foi daquele jeito cabisbaixo que voltei para casa.

Naquele dia, aprendi coisas muito valiosas: que precisava entrar num processo de amadurecimento e de preparo, pois estava mais preocupado em entregar aquela palestra decorada do que colocar o pé no chão e realmente vivê-la 100%. E que nós precisamos nos preparar para fazer uma boa entrega, porque sempre temos algo para aprender e ensinar.

Ou você é medíocre ou é extraordinário, tome as devidas decisões e ações para ser quem você quer ser.

A volta por cima

Fui convidado para fazer uma *live* com o Will, idealizador de outro evento em que palestraria. Antes de começar, eu e meus pais oramos. Depois, fui direto para meu quarto. Estava pronto para aquilo, e foi lá onde realmente tomei consciência de que era um empreendedor. Quando todo aquele papo acabou, me senti vitorioso por ter passado por aquilo sem travar mesmo sendo a minha primeira vez. Aquela situação me destravou para não ter mais medo em fazer coisas novas.

Cuidado com o medo, é algo perigoso, pois te paralisa, te impede de viver o novo e abrir novas portas. Você precisa dominá-lo e ter controle sobre a própria vida.

No dia do evento, estava me sentindo muito confiante. Mas isso não fez com que aquele friozinho na barriga não aparecesse. Dessa vez, eu seria o primeiro. Meu pai já estava arrumando a mesa de som, afinal ele cuidaria de toda a sonoridade do local.

Assim que Will abriu o evento, ele me chamou e eu segui confiante, determinado e focado. Subi no palco e dei a minha melhor palestra até então, me mantive no controle a todo o momento, não travei nem gaguejei. Foi incrível! Fiquei surpreso comigo mesmo por ter conseguido realizar aquilo.

Naquele dia, todas as palestras me ensinaram coisas extremamente valiosas, fiz ótimas conexões e vivi experiências transformadoras de manhã até a noite. Foi um mover muito forte e incrível!

Quando voltamos para casa, estávamos cansados, mas com muito conhecimento absorvido e que seria aplicado. Tivemos um dia muito cheio e transformador. Saímos de lá vitoriosos por cada um ter ajudado no evento de alguma forma: meu pai no som, eu como palestrante e minha mãe como *staff*.

Uma coisa que aprendi na minha jornada é que todo o conhecimento adquirido que seja bom e que faça sentido na sua vida, você deve aplicar; caso contrário, ficará com obesidade cerebral de tanta coisa armazenada lá dentro.

Quando você observa e entende, aprende; quando o conhecimento recebido é aplicado, aprende duas vezes e, ao ensinar, aprende três vezes.

TAREFAS

1. Ou você é medíocre ou extraordinário. Liste, a seguir, ações que tomará a partir de hoje para se tornar alguém extraordinário.

_____

_____

_____

2. Passe por uma situação para dominar seu medo. Abra uma *live* no Instagram e fale do que queima no seu coração, não deixe que o medo te pare. Ao terminar, escreva como se sentiu ao vivenciar a experiência.

_____

_____

_____

CAPÍTULO 9

TREINO E AUTO-CONFIANÇA

Cada conexão nova que faço sempre me ensina algo diferente e bem importante. Todas elas contribuem para meu treino de *mindset*, por isso absorvo os *insights* de coisas que ouço. Cada pessoa tem uma história diferente para te contar. Se ouvir com atenção, conseguirá tirar pelo menos algum ensinamento dela, basta escutar e saber fazer perguntas.

Uma coisa que me fez evoluir bastante foi o poder da modelagem. Nos eventos que eu ia, sempre analisava como o palestrante falava, fazia gestos, tom de voz e o que ele fazia caso descesse do palco. Quando faço isso, aprendo a como fazer e quando fazer. Quanto mais eu aprendia e os modelava, mais coragem me dava para subir nos palcos e palestrar.

Na verdade, aplico a modelagem hoje em tudo que preciso aprender (aprenda com os melhores em cada área).

Aprender com outras pessoas e receber os *insights* que têm para me passar, direta e indiretamente, me fazem crescer na minha jornada de desenvolvimento pessoal e no empreendedorismo.

TAREFAS

1. Faça conexão com, no mínimo, 2 pessoas que têm o mesmo *mindset* que o seu. Compartilhe pensamentos, ideias e fortaleça esse relacionamento.

_____

_____

2. Modele 3 pessoas que já estão aonde você quer chegar, observe o jeito de pensar, falar, de agir e o *lifestyle*. Ao fazer isso, escreva o que aprendeu.

_____

_____

CAPÍTULO 10

O MAIOR DOS DESAFIOS

Sou convocado para palestrar para mil pessoas em Curitiba

Continuei tirando meu tempo para aprender, afinal eu estava há um tempo sem palestrar.

Minha rotina continuava normalmente, até que um dia Kelly e André vieram fazer uma visita em casa. Nesse dia, Kelly olhou para mim e me perguntou se eu não queria palestrar para mil pessoas em Curitiba no evento do lançamento do livro *Do pão ao milhão*[7], onde teria empresários de sucesso e palestrantes de altíssimo nível.

Na hora respondi que sim, porque meu pai me ensinou que não importa quem e quantas são as pessoas, mas preciso dar o meu melhor. O evento era pesado e minha mentora também tinha que se preparar. E é claro que nesse ponto minha ficha não tinha caído. Por conta disso, meus pais começaram a me explicar que o espaço seria maior que uma sala de cinema. Aos poucos, comecei a cair na real

---

7. OLIVEIRA, Clodoaldo. *Do pão ao milhão: o poder da multiplicação pela conexão com as pessoas*. São Paulo: Literare Books International, 2022.

e a achar que não era merecedor para palestrar num palco daquele.

Temos que ter cuidado com a autossabotagem e a síndrome do impostor.

Chamei meu pai para conversar e ele colocou um louvor para nós ouvirmos enquanto conversávamos. Ele falou sobre tirar o medo e isso mexeu comigo. Comentei sobre meu medo e que não tinha certeza da minha decisão. Meu pai disse que não importava se faria ou não, ele e minha mãe sempre me apoiariam. Mas se me sentia chamado para aquilo, Deus já tinha preparado todo o caminho e me capacitou para realizar a minha palestra, bastava eu dizer sim. Então, disse: "É verdade. Se Deus me deu isso de presente, é porque ele acredita em mim e sabe que vai dar certo. Então, eu vou!". Meu pai saiu do quarto e ouvi o louvor mais duas vezes. Quando terminei, fui relaxar um pouco a cabeça e me deparei com um vídeo dizendo para levantar a cabeça, ser forte e corajoso para tomar minhas decisões. Aquilo chamou minha atenção, mas continuei vendo outras coisas. Por mais que eu tivesse tomado posse da situação, parecia que ainda estava em dúvida dentro de mim.

Obtive o manuscrito do livro do Clodoaldo antes de ser lançado. Fiquei muito feliz, mas tinha que terminar de lê-lo para poder fazer o vídeo de abertura. Assim pude entender o *storytelling* de uma forma mais fácil, afinal a história dele estava em minhas mãos.

Agora, além de palestrar em um super palco, me tornei responsável pelo vídeo de abertura do idealizador do evento.

Resolvemos sair para jantar. O assunto da vez foi livro. Ouvindo sobre livros, comecei a me perguntar: "Eu vejo muitas pessoas ao meu redor lançando livros, acabei de receber um hoje, todos aqui na mesa estão falando sobre isso, eu tenho capacidade para fazer um... Então, por que eu não fiz ainda? Assim, posso impactar a vida de muitas pessoas".

Naquela noite, comecei a escrever este livro que você está lendo agora. Tive a ideia do título e fui escrever no bloco de notas do meu celular sem noção nenhuma de como escrever um, mas estava determinado a fazê-lo. Eu queria que fosse surpresa para todos; então, não falei para ninguém.

Mas aquela sensação ainda estava dentro de mim. Então, antes de dormir, fui fazer o *boot* e me conectar com Deus, com a minha mãe acompanhando com um áudio do Pablo Marçal fazendo a orientação. Nessa audição, teve uma frase que ele falou que fez muito sentido para aquele momento: "Se você não prosperar, a gente não vai sair do lugar".

Quando o *boot* acabou, percebi que Deus estava falando comigo o dia inteiro. Desde a hora do louvor até naquele momento em que estava me conectando com ele. Então, decidi que palestraria. Só assim me senti em paz total.

Comecei a treinar para a palestra, mas sabia que já estava na hora de mudá-la. Então, fui tendo algumas ideias numa mentoria que tive com a Kelly, coloquei tudo no Word e pronto: minha nova palestra estava pronta. Nesse momento me dividia entre a escola, o inglês, a preparação e o treino da palestra e do vídeo de abertura que requer horas e mais horas de elaboração. Mas eu tinha foco, não podia desistir.

Chegamos à cidade onde seria o evento, Curitiba é uma cidade linda, visitei vários pontos turísticos ótimos, me diverti muito. Na noite anterior ao evento, combinamos de nos encontrarmos no Hard Rock, eu, minha família e todos que estavam envolvidos com o evento.

Lá, eu comecei a ver a tal liberdade geográfica que tenho por conta do meu trabalho.

Fortalecemos nossa conexão com todos e conversamos sobre muitas coisas. Estava tudo bem até chegar a parte que falamos sobre o evento. Naquele momento, meu medo voltou e comecei a ficar preocupado. Voltei a lembrar a quantidade de pessoas que teria e meu frio na barriga voltou, mas logo me coloquei no eixo novamente.

Sempre vai existir aquela voz que vai te colocar em dúvida e fazer você se desviar do seu propósito. Nunca dê ouvidos a ela, pois na maioria das vezes aparece porque algo grande ou com um bom propósito vai acontecer na sua vida.

Ficou tarde, nos despedimos e fomos embora para o hotel. No caminho de volta, falei minha palestra para a Kelly que disse estar ótima e que eu não precisava me preocupar. O vídeo de abertura do evento também estava perfeito e finalizado.

Dormi ansioso, mas animado porque no dia seguinte meu maior desafio me esperava.

TAREFA

1. Inove um projeto importante que tenha, coloque novidades, atualize-o, não o deixe da mesma forma que está, isso desperta interesse e curiosidade nas pessoas que já o viram pela primeira vez. Ao finalizar, mentalize e escreva, nas linhas a seguir, como esse projeto te ajuda a alcançar seu propósito.

_____

_____

CAPÍTULO 11

O QUE ERA GRANDE AOS MEUS OLHOS SE TORNOU PEQUENO A MINHA DEDICAÇÃO

A manhã chegou e partimos para o evento. O lugar era lindo, tinha uma ótima estrutura e era gigante. Fiquei assustado com o número de cadeiras que tinha lá. Quanto mais pessoas chegavam, mais eu ficava ansioso. Por conta disso, comecei a ficar inquieto e andava de um lado para o outro. Meu pai percebeu isso, me chamou de canto e perguntou o que estava acontecendo.

Falei para ele que estava nervoso porque achava que não daria conta daquilo. Então, saímos do salão para treinar a minha palestra mais uma vez e consegui falar tudo numa boa. Meu pai disse que estava tudo bem e que era para eu não deixar o medo me consumir. Fiquei mais calmo e fui conversar com meu amigo Ricardo Resstel, que me deu algumas dicas:

"Fale para seu cérebro que você está animado e não nervoso, porque as reações que acontecem no seu corpo para ambos são as mesmas. Outra coisa, quando eu deixei de me preocupar em fazer uma boa performance no palco e passei a pensar em como eu poderia sair de um evento ajudando as pessoas e transformando a vida delas, minhas palestras ficaram bem melhores e fiquei bem mais calmo antes de cada uma delas. Fique tranquilo que, antes de você subir no palco, vamos fazer um exercício que vai te ajudar muito!".

Depois de todas aquelas palavras, me senti totalmente leve e comecei a aproveitar o evento de verdade. Não tinha mais nada me preocupando e sabia que estava preparado.

O vídeo de abertura que fiz para o evento foi um sucesso. A primeira etapa estava vencida, agora seria a segunda. Depois de um tempo da primeira adrenalina, me coloquei em posição de aluno para aprender mais com aquele ambiente.

Até que chegou o segundo grande momento: a minha vez estava próxima. Então, coloquei meu *headset* na mesa de som e fui para o *backstage*. Enquanto me anunciavam, aproveitei para fazer o exercício. Assim, me senti com muita energia e totalmente pronto.

Entrei com uma animação que contagiou a plateia rapidamente. Comecei a falar com toda aquela multidão sem ter medo algum. Antes eu temia aquele palco, mas agora pisava nele com toda a minha dedicação. Continuei sob controle, estava calmo, em nenhum momento deixei minha energia cair, até que chegou uma das partes principais da minha nova palestra, a dinâmica. Comecei a fazê-la e fiquei muito surpreso, consegui prender mil pessoas em uma coisa que nunca tinha feito antes.

Na plateia, ninguém menos que Marcos Rossi me assistia fazendo sinais positivos. Terminei minha palestra com muito orgulho, me sentindo vitorioso, consegui reconhecer meu esforço. Outra grande lição que compartilho: saiba reconhecer e comemorar as micro e as grandes vitórias da sua vida. Foi a melhor palestra que já fiz até aquele momento. Assim que desci do palco, minha família, e os outros palestrantes me parabenizaram pelo que fiz lá em cima.

No final do evento, muitas pessoas vieram conversar comigo, querendo tirar fotos e falando que me tornei uma inspiração para elas. Ali, percebi o quanto foi valioso tudo que aprendi para ensinar aquelas pessoas e aonde meu propósito de vida me levará. Fiquei muito feliz com todo aquele reconhecimento, me senti honrado por ter impactado tantas vidas naquele dia e dividir o palco com todos os palestrantes renomados.

Sei que a honra é D'Ele e sei que a minha decisão me fez viver e estar naquele lugar. Eu escolhi e decidi, assim como você também pode fazer na sua vida. Não importa a sua idade ou o tamanho da sua experiência. Davi era o menor de todos e foi escolhido para lutar e vencer o gigante, ele não olhou o tamanho do seu adversário, simplesmente ouviu o chamado e foi fazer o que tinha de ser feito.

TAREFAS

1. Liste, no mínimo, 3 ações que você tomará daqui para frente antes de enfrentar um grande desafio, para que sua dedicação pise no seu medo.

_____

_____

_____

2. Ensine alguém próximo sobre o que você aprendeu neste capítulo, conexões fortes, micro e grandes vitórias, dedicação e relacionamento com Deus. Lembre-se de que, quando você observa e entende, aprende uma vez; quando o conhecimento é aplicado, você aprende duas; e quando você ensina, aprende três vezes.

_____

_____

_____

CAPÍTULO **12**

CRISE DE IDENTIDADE

Depois de um tempo daquele grande evento, voltei a escrever este livro e relembrei partes da minha história que me deixaram um pouco abalado emocionalmente. Depois disso, alguns problemas pessoais começaram a aparecer e tive que dar uma pausa em tudo.

Com isso, acabei relaxando demais. Fiquei totalmente improdutivo, procrastinador, fugi da minha autorresponsabilidade e tinha muita falta de foco. Nesse tempo, acabei deixando o celular consumir minha vida, pois achava que não tinha mais nada para fazer, e quebrei toda a minha rotina. Não demorou muito e veio a época de provas na escola. E aconteceu o que você já deve ter imaginado: minhas notas caíram nas primeiras provas que fiz, não estava me dedicando o quanto eu deveria.

Vendo a situação, meus pais tiraram meu celular. Como não tinha mais controle, alguém tinha que ter por mim. Com isso, retomei minha vida e os estudos, mas a procrastinação e a improdutividade não saíram de mim ainda. Deixava as obrigações das minhas mentorias para depois e dava desculpas para mim mesmo e para todos ao meu redor para não fazer. Quando fazia, demorava para entregar.

Eu já não me conhecia mais – muito menos meus pais. Então, tive que abandonar o antigo Pietro para procurar um novo, sabia que não seria nada fácil, mas não tinha escolha. Eu me sentia como se fosse uma pessoa qualquer tentando conquistar um rumo que parecia não existir, me sentia totalmente perdido e deslocado. Por muito tempo estive assim, passei por um processo de aprendizado gigante para me encontrar, vivi novas experiências e tive consciência de coisas novas sobre o que estava vivendo.

Muitas vezes achava que já tinha me encontrado, até que vinham mais problemas emocionais para eu resolver. Quando já tinha resolvido todos os outros, restava o que sempre me atormentou. Nunca consegui lidar com aquilo e impactava todas as outras áreas da minha vida. Estou falando de um problema que muitas pessoas têm, a procrastinação. Uma crença de não merecimento. Como pensava que não merecia nada daquilo, simplesmente não fazia.

Resolvi ter uma conversa com a Kelly, que me acordou e parei de ter as mesmas atitudes. Decidi viver uma vida com um novo Pietro. Não foi fácil e sei que no meu processo muitas coisas ainda acontecerão, fazem parte do crescimento e amadurecimento de qualquer ser humano.

Voltei a seguir minha rotina à risca e fiquei muito mais produtivo. Retomei a escrita do meu livro, a harmonia em casa ficou melhor, estava muito animado para fazer minhas coisas, consegui recuperar minhas notas com as atividades da escola e meus estudos melhoraram. Eu estava realmente focado em fazer o que tinha que ser feito.

Mais tarde, entendi que Deus fez com que passasse por tudo isso de forma intensa para trazer consciência a outras pessoas que também sofrem da mesma coisa que eu sofria.

CRISE DE IDENTIDADE

Outros problemas que também tive foram a necessidade de aprovação. Para eu ser aceito pelos meus amigos, acabava forçando uma relação e, muitas vezes, me expunha ao ridículo para ser mais engraçado e aceito, queria que os outros gostassem de mim, queria ser o mais legal, o mais amigo, mas isso acabou gerando o efeito contrário ao que eu esperava e acabei sofrendo *bullying* constantemente.

As situações que vivi fizeram com que me afastasse da minha real identidade. Estava muito mais preocupado em agradar meus amigos e ser a pessoa que eles queriam que eu fosse do que ser a pessoa que realmente sou. Isso só parou de acontecer quando entendi que não preciso agradar ninguém para ser aceito. Hoje minha relação com eles está extremamente melhor.

TAREFAS

1. Quais experiências identifica que Deus está fazendo você passar para curar a vida de outras pessoas?

_____

_____

2. Como está a relação com seus(suas) amigos(as) hoje? Você está se doando demais por eles(as)? Escreva, nas linhas a seguir, de que forma eliminará essa necessidade de aprovação em sua vida. Lembre-se de que não precisa se tornar uma pessoa que não é para agradar um grupo ou outra pessoa.

_____

_____

3. Coloque data para começar os projetos que você tinha deixado para trás, não procrastine, governe e comemore os micro resultados ao atingi-los.

_____

_____

_____

CAPÍTULO 13

PELA SEGUNDA VEZ, PALESTREI NO PALCO QUE ME REVELOU

O "Singulare 2.0" estava chegando. Logo, vieram mais trabalhos para fazer. Foi uma correria total. Todos aqui em casa estavam trabalhando muito, mas sabíamos que era o preço que tinha que ser pago. Depois que quase tudo já tinha sido feito e quando conseguimos respirar um pouco, preparei minha palestra com novos conteúdos. Afinal, não poderia chegar lá com a mesma coisa, temos que estar em constante mudança.

Aprendi ao longo da minha vida que, quando se desespera, só desperdiçará energia e tempo pensando no problema e não em resolvê-lo. Como estava muito animado, calmo e confiante, finalizei minha palestra e comecei a fazer meu vídeo de abertura para o evento ao mesmo tempo. Modelando uma analogia que aprendi com Joel Jota, usaria um *flipchart* no palco. Tudo fluía certinho e com muita criatividade.

A minha profissão tem uma liberdade geográfica gigantesca, porque é só levar meu *notebook* e minha criatividade para onde eu precisar ir que e posso continuar trabalhando. Então, arrumei minha mala e seguimos em direção a Jundiaí. No hotel, finalizei o vídeo e treinei a palestra.

O vídeo de abertura é minha prioridade sempre. Como editor de vídeo, não posso subir no palco para contar a minha história se não vivesse o que falo.

TAREFA

1. Cite 10 coisas que te bloqueiam para avançar e chegar ao próximo nível.

_____

_____

CAPÍTULO 14

DOMINE SUA MENTE

O grande dia chegou. Acordamos cedinho, meus pais se arrumaram e já desceram para o evento, enquanto isso fui me preparando, me arrumei, me conectei com Deus. Isso significa que fui dedicar as primeiras horas do meu dia para ter um relacionamento mais forte com Ele, com o Espírito Santo. Pratique isso, Deus quer que você tenha mais relacionamento com Ele.

Depois disso, treinei o que falaria. Como eu estava na programação dos *players*, minha palestra seria mais ou menos de trinta minutos. Desci para tomar café. Quando acabei de comer, a agitação começou, os convidados estavam chegando. Fui ajudar meu pai com as coisas na mesa de som.

Assim que os convidados entraram, fiquei animado para ouvir tudo o que os palestrantes daquele dia me ensinariam. Sabia que aquele dia seria um grande impacto na vida de todas as pessoas que estavam ali. Então, eu também estava muito ansioso para falar minha nova mensagem.

Ao longo do evento, aprendi coisas muito valiosas, ensinamentos de ouro e muitos *insights*. Conheci pessoas incríveis, com valores e princípios muito parecidos com os meus. Uma delas é Réges Silva, que palestrou como coautor do livro *Histórias singulares que inspiram*[8]. Ele é um policial do Bope e me impactou com a sua história e pelas nossas conversas.

Outra pessoa que também tive a oportunidade de me conectar e que dividi o palco foi Gilson Neves, um homem de Deus cheio de *insights* para dar. Fiz um vídeo para ele no meio do evento e tive o prazer de ouvir todos os grandes ensinamentos que me transmitiu. Além dele, me conectei com o filho, Arthur Diniz. Assim como o pai, tem ótimos *insights* para dar e é uma inspiração gigantesca para mim, porque também começou sua jornada muito novo. E foi por isso que eu o escolhi para ser o prefaciador deste livro.

Na minha vez, percebi uma movimentação diferente. Era algum problema com a equipe de som e do telão. Mas tinham pessoas cuidando disso e eu estava ali para entregar meu melhor.

Assim que tudo se resolveu, Kelly pôs a mão em meu ombro e falou: "Você tem 15 minutos para subir naquele palco, dar o seu recado e ir embora". Na hora, fiquei apreensivo porque tinha preparado uma palestra para 30 minutos, mas não deixei aquilo me abalar. Pensei nas partes que cortaria e estava pronto. Esteja sempre pronto para encarar as surpresas que aparecem diante de você.

Coloquei minha felicidade e energia lá em cima. Quando passou meu novo vídeo de apresentação no telão, fiquei muito orgulhoso do meu trabalho e com minha energia explodindo.

Animei a galera, passei minha mensagem, usei o *flipchart*, fiz a dinâmica e desci do palco com um sentimento

---

8. SINGULARIDADE, Kelly (coord.). *Histórias singulares que inspiram*. São Paulo: Literare Books International, 2022.

de missão cumprida, fazendo com que as vidas que precisavam ser tocadas, fossem. Desci do palco utilizando os 15 minutos ordenados. Minha *performance* foi entregue como haviam solicitado.

Depois do dia do evento, soube que quase não subiria no palco por conta que havia mais uma palestrante para encerrar a noite e teria que dar espaço para ela. Mas tirei uma lição com isso, estaria tudo bem se eu não subisse, além da próxima pessoa que entraria ser extremamente especial para mim, tinham muitas pessoas na plateia que precisavam ouvir a mensagem dela.

Minha mãe subiu para palestrar, também como coautora do livro. A palestra dela foi sobre casamento e família. Ela fechou o evento com chave de ouro.

Fiquei muito feliz com todos os *feedbacks* que recebi no final do evento. E pela honra de palestrar com pessoas que entregaram ouro naquele dia.

Mais uma vez, o Singulare me transformou com sua versão 2.0, saí de lá vivendo novas experiências, tendo novos *insights* e sendo alguém melhor. Como diz o nome do evento, é singular.

TAREFAS

1. Quando uma situação chega para te paralisar, não entre em pânico. Liste, a seguir, 7 coisas que você fará para lidar com isso.

_____

_____

2. Seja grato, mas não conformado com seus resultados. Esteja em constante mudança. Liste, a seguir, 5 decisões que tomará e como realizá-las para ir para o próximo nível.

_____
_____
_____
_____

CAPÍTULO **15**

SAÚDE E SEUS ESTÁGIOS

Parabéns por chegar até aqui! Isso demonstra que você é alguém diferenciado e que busca conhecimento para colocar em prática na sua jornada. Para ajudá-lo, vou contar sobre a importância dos diferentes tipos de saúde na nossa vida e como cada uma delas nos impacta, assim como tem impactado a minha vida.

A importância da saúde emocional

A importância de ter pensamentos saudáveis impacta diretamente na autoestima e na frequência. Lembre-se de que tudo na sua vida é decisão, você escolhe como vai ser o decorrer do seu estado emocional ao longo do dia, bom ou ruim. E só você pode mudar isso, se colocando em posição de governante da própria vida, buscando desenvolvimento pessoal e emocional para ter consciência de que, se você não tomar cuidado nessa área, pode acabar danificando todas as emoções. Isso pode causar coisas terríveis, como: não ter mais vida social, não sair do quarto, não viver seu propósito de vida, parar totalmente sua produtividade e por aí vai. Citei alguns problemas para você entender o quão importante é cuidar do seu emocional.

A importância da saúde familiar

A base de todos nós. Se na sua casa as coisas estão desestruturadas, todo o resto vai estar. Tudo precisa estar em harmonia para dar certo, o pai exercendo seu papel de líder da casa, dando honra para família, a mãe fazendo seu papel de coluna, também sendo a outra figura de autoridade do lar, ambos exercendo o papel de educadores, estabelecendo limites, ensinando princípios, valores, deveres e dando muito amor e carinho.

E o filho tendo seu papel de honrar pai e mãe lhes obedecendo, respeitando, cumprindo os deveres estabelecidos, sendo uma peça fundamental para a harmonia e bem-estar da família, também dando muito amor e carinho.

Assim, todos vivem em unidade, o propósito da família.

A importância da saúde social

Ter uma relação saudável com amigos e família é fundamental, pois pessoas que gostam de ver seu crescimento te impulsionam para alcançar coisas maiores. Joel Jota diz: "Pessoas precisam de pessoas certas". Caso contrário, isso impactará diretamente no seu humor, você terá estresse excessivo, irritabilidade, ansiedade, medo e insônia.

E isso é terrível. O medo, um dos problemas citados anteriormente, é uma das piores coisas que te impede de crescer e te trava. Você pode evitar isso buscando pessoas certas para se relacionar e inteligência emocional. Tiago Brunet[9] diz: "O seu coração atrai outros corações parecidos com o seu".

---

9. Tiago Brunet, autor publicado em mais de 15 países, é uma das principais referências em treinamento de líderes e espiritualidade nos dias atuais.

A importância da saúde física

Um dos melhores meios de ótima qualidade de vida, além de prevenir contra doenças crônicas, como a depressão e a ansiedade.

Uma frase que ouvi do Marcos Paulo[10] faz total sentido: "Um corpo fraco não sustenta uma mente forte". A saúde física te ajuda tanto no seu corpo quanto na sua mente, pois você também precisa de foco e determinação para segui-la.

A importância da saúde espiritual

Minha vida mudou depois que comecei a me conectar com o Criador todas as manhãs. Quanto mais saúde espiritual você tiver, mais as coisas darão certo na sua vida.

A proximidade que você tem com Deus é a que tem com seu propósito.

Com o relacionamento, você descobre sua real identidade, quem realmente é, as características que te definem, sua identidade. Com ela, você se torna filho(a) de Deus e começa a perceber as experiências que Ele te permite viver.

Pense comigo: somos corpo, alma e espírito, não adianta só nossa força de vontade e intelecto estarem funcionando, precisamos alinhar nosso espiritual com tudo que faremos.

Ao acessarmos novos privilégios, liberamos perdão mais facilmente e não ficamos presos no problema, vivendo novas experiências. Além disso, entendemos o que é a gratidão,

---

10. Marcos Paulo, estrategista digital influente no Brasil, criou estratégias de lançamentos para grandes, como: Pablo Marçal, Christian Barbosa, Alexandra Abrantes, entre outros.

reconhecendo o que Deus faz na sua vida como forma de aprendizado e vitórias.

No momento em que comecei a fazer isso na minha vida, obtive resultados melhores, novas portas se abriram e melhorei meu *mindset*. Entendi que Deus é amigo e posso conversar com ele quando eu quiser, não é necessária uma cerimônia, Ele conhece meu coração e sempre está na porta só esperando você abrir.

TAREFAS

1. Identifique, na sua vida, qual ou quais das saúdes (emocional, familiar, social, física, espiritual) está/estão mais desbalanceada(s) e escreva o que você fará para mudar isso.

_____

_____

2. Escreva o que você aprendeu com cada uma das saúdes listadas no capítulo.

_____

_____

3. O que você precisa praticar mais em cada saúde para fortalecer a qualidade delas?

_____

_____

CAPÍTULO 16

O PODER DA MULTIPLICAÇÃO

Como foi que entendi que dinheiro é munição para eu fazer o que quiser e sem depender da minha família? No início de tudo, antes de me tornar um empreendedor na edição de vídeos, sempre pedia para meus pais comprarem acessórios de jogos pela internet.

Até que um dia fui repetir esse processo com meu pai, pedindo créditos que custavam R$50, mas não esperava a resposta que ele me daria, ele me disse: "Filho, se você quiser te dou os R$ 50 reais agora, mas te pergunto, você quer os R$ 50 reais ou quer aprender a fazer eles?" fiquei pensativo e, depois, entendi que ele estava me fazendo ter sabedoria e, com isso, eu respondi: "Quero aprender a fazê-los pai, porque posso usar essa mesma lógica, multiplicá-la, e fazer mais dinheiro!".

Feito, meu pai veio até mim e falou que precisava que eu editasse um vídeo para ele e, assim, me pagou os R$ 50 reais, Ali foi meu primeiro pagamento por um serviço prestado. Depois de um tempo, meu pai precisou de outro vídeo para a divulgação de seu trabalho e me "contratou" para fazê-lo novamente, me pagando mais R$ 50 reais, como forma de me incentivar e entender o processo do mercado. Um tempo depois, também como forma de incentivo, meu pai pediu ao meu tio Andrey do canal fotografia em Paris que enviasse mais trabalhos para eu fazer, assim recebi R$ 150 reais pelo trabalho, que só escrevendo este capítulo que foi meu pai que me pagou, como mais uma forma de incentivo.

Mais tarde meu trabalho ganhou reconhecimento e comecei a fazer vídeos para outras pessoas divulgarem seus cursos e mentorias no Instagram e em sites, no meio disso, como já havia feito o vídeo de abertura para o evento Singulare, outros palestrantes também solicitaram este material, pois entenderam como gerar ainda mais valor e tornar sua palestra mais profissional com um vídeo narrando sua história.

Comecei, então, a partir daí, a multiplicar meus valores, no início, faturava R$ 50 reais por vídeo, afinal ainda estava em estágio de aprendizado e eram vídeos curtos, depois esse valor dobrou, triplicou e, atualmente dependendo da complexidade e do tempo de vídeo que meu cliente solicita, já cheguei a faturar até 5 dígitos em um trabalho.

Quero mostrar que no início da minha jornada quando eu não sabia nada sobre edição de vídeo e do mercado de marketing digital, com aquele *insight* e incentivo da minha família, multipliquei a lógica e cresci, é como aquela analogia, "Meu Pai não me deu o peixe, ele me deu a vara e me ensinou a pescar".

Faça isso você também, mesmo que você já saiba de algo no mercado onde atua ou irá começar do absoluto zero como eu. Apenas pegue este *insight* e outros que façam sentido para você e comece o quanto antes!

TAREFAS

1. Liste, no mínimo, 3 lições que você tirou deste *insight* que você começará a aplicar.

_____

_____

2. O que você irá fazer para escalar seu negócio a partir dos *insights* que pegou neste capítulo?

_____

_____

CAPÍTULO 17

MINHA JORNADA NO MUNDO DO EMPREENDEDORISMO

Em toda a minha trajetória, não deixei o empreendedorismo de lado, fui me aperfeiçoando nas edições e modelando as técnicas de vendas de outras pessoas. Pegue esta chave, modele pessoas não só no seu ramo, diversifique, tenha visão 360, pegue técnicas que podem ser aplicadas com sua linguagem e essência no seu negócio.

Mas tudo tem um propósito naquilo que fazemos, desde o momento em que comecei, o objetivo sempre foi além de começar a fazer minha renda desde cedo, mas também poder impactar e ajudar pessoas, pois com meu serviço intensifico a mensagem de quem o utiliza e impacto todos os que veem. As palestras são uma forma que tomei para intensificar a minha mensagem, e o mais importante: cumprir o propósito que Deus me chamou para fazer na Terra.

Conforme eu crescia física e mentalmente, minhas conexões se fortaleceram e fiz serviços para grandes *players* do mercado ao longo do tempo, como: Stanley Bittar, Tiago Rocha, Gilson Neves e Arthur Diniz.

Estou revelando resultados para te ativar e mostrar que você precisa ter uma mentalidade empreendedora e inovadora. "Mas, Pietro, eu não sou empreendedor(a), como posso aplicá-la?". Simples, não estou falando para você se tornar um, mas pensar e agir como. Tenha sede e energia para ser disruptivo e fazer o novo, criar coisas, pensar e agir de forma intencional e inteligente, não ter medo de seguir um caminho diferente dos outros.

Seja disruptivo, mostre que você veio fazer a diferença e impactar muitas vidas nesta Terra com o chamado que Deus te deu.

Tive muitos desafios por começar cedo e ter uma mentalidade diferente. Fui excluído entre meus amigos, zoado pelo que faço, não tinha ninguém para compartilhar minhas ideias e o que aprendi, tive bloqueios ao longo da minha jornada que precisavam ser destravados; caso contrário, atrapalharia meu crescimento e evolução.

"Lembre-se da minha ordem: seja forte e corajoso! Não fique desanimado, nem tenha medo, porque eu, o Senhor, seu Deus, estarei com você em qualquer lugar para onde você for!" (Josué 1:9). Sempre soube que teria desafios, mas sei que Deus estará comigo. Os obstáculos que aparecerão são testes para vivermos algo ainda maior, que Ele preparou.

Com essas diferentes experiências, cresci e me desenvolvi no mundo do empreendedorismo. Você precisa estar em constante mudança e movimento, tirando ideias do papel e colocando-as em prática. Fazendo isso, ampliará o leque de habilidades, adaptando-se a diferentes situações e evoluirá o nível da sua entrega. Mas isso não serve só para o mundo dos negócios, quando você coloca *insights* valiosos em prática, seu repertório de habilidades também aumenta e você fica mais sábio, sabendo lidar e se adaptar a diferentes situações.

Conforme convivo com o empreendedorismo, aprendo cada vez mais sobre ele e descubro que me traz muitos benefícios, como melhorar a comunicação, aumentar o *networking*, ampliar suas metas, ser inovador, ter habilidades com problemas, além da liberdade geográfica, ou seja, consigo trabalhar de qualquer lugar. Somente levando meu computador ou celular e minha criatividade já posso fazer grandes coisas.

TAREFAS

1. Tenha uma mentalidade empreendedora e inovadora. Liste 5 coisas que fará a partir de agora tendo energia para ser disruptivo e fazer o novo, criar coisas, pensar e agir de forma intencional e inteligente.

_____

_____

_____

2. O hábito de praticar o que aprende é algo muito importante e valioso. Escreva o que você vai colocar em prática hoje sobre o que aprendeu neste capítulo e como fará. Trace um plano de ação.

_____

_____

_____

CAPÍTULO 18

A CRIATIVIDADE NÃO TEM LIMITES

O que é criatividade? É a capacidade de criar, imaginar ou produzir algo novo e diferente. Possuindo uma alta capacidade para pensar fora da caixa e propor novos olhares sobre aquilo que já conhecemos.

Ter a habilidade da criatividade é ótimo. Utilizando-a em seus projetos, você cria ar para eles. Além disso, ela é essencial para a comunicação, desenvolvimento e resultados. Mas se você ainda não tem nada disso, está tudo bem; assim como o sucesso, a criatividade é treinável.

Trouxe este assunto para meu livro porque acredito que todos podem desenvolver a criatividade em qualquer área da sua vida e em qualquer profissão. O que é criatividade senão criar algo? Já pensou dessa forma?

Ao executá-la, você terá uma forma diferente de resolver problemas, pois verá as coisas com uma perspectiva única, propondo ideias que não são óbvias. Além disso, com ela, terá resultados diferentes. Graças à criatividade, pode aproveitar oportunidades que te farão viver experiências diferentes.

Com toda essa clarificação do que a criatividade tem a lhe oferecer, não tenha medo de entrar nessa jornada ou se aprimorar nela. O medo te trava de viver o novo, e o que precisa ser feito é tornar o desenvolvimento da criatividade um hábito de usá-la em diversas situações.

A criatividade não serve só para o mundo do empreendedorismo ou da edição de vídeos (no meu caso), ela se enquadra em qualquer profissão ou desafio. Pode ser utilizada como forma de disrupção, inovação, resolução de problemas, planos, entre outras.

Quanto mais você usufrui dela, mais entrega e em mais situações consegue enxergar que pode ser aplicada.

Estimulando a mente criativa

Como posso te ajudar a estimular sua mente criativa?

1. **Saia da zona de conforto.** Quando você busca o novo e está em constante movimento e mudança, essas situações vividas te dão novas ideias para você aplicar em seus projetos. Então, lembre-se de que novos ambientes te levam a novas pessoas, elas te levam a novas experiências e essas te levam a ter novas ideias.

2. **Pratique.** A criatividade é como se fosse um músculo no seu corpo que, quanto mais você o exercita, mais ele se fortalece. Uma boa forma de fazer isso é consumindo o conteúdo de pessoas que já estão aonde você quer chegar, utilizando-as como referência.

3. **Mentalidade de Criador.** Um *insight* que tive ao decorrer da minha jornada foi que, se Deus criou o mundo

em sete dias e se somos a imagem e semelhança Dele, Ele colocou no nosso DNA a capacidade de criação. O que quero dizer com isso é que podemos colocar a nossa marca registrada em todos os projetos com excelência.

4. **Observação.** Uma próxima ferramenta muito importante para você estimular sua criatividade é a observação. Com ela, você consegue pegar ótimos *insights* e encontrar novas perspectivas, a observação treina sua mente para notar coisas que normalmente passam despercebidas. Ao ampliar sua percepção, você desenvolve uma visão para "pegar" o extraordinário no ordinário.

    Outra coisa valiosa que a observação te ajuda é na solução de problemas criativos. Ao observar um desafio ou obstáculo, você pode ter *insights* que levam a soluções inovadoras. Ao compreender o problema com a observação, você pode abordá-lo de maneiras não óbvias e descobrir soluções criativas e eficazes.

5. **Curiosidade.** A curiosidade ajudará no seu desenvolvimento. Quando você é curioso, está constantemente buscando novas informações e explorando novas ideias para buscar conhecimento. Como evoluir para melhorar sua criatividade?

    - **Perguntas e questionamentos**. A curiosidade está ligada a fazer perguntas. Quando você questiona o porquê das coisas, tem uma nova habilidade de resolver problemas e um novo olhar sobre diferentes ideias.
    - **Conexões e *insights***. A curiosidade também ajuda a fazer conexões entre ideias aparentemente desconec-

tadas. Quando você está curioso, sua mente está aberta para buscar coisas novas. Essas conexões podem levar a *insights* e descobertas criativas, permitindo que veja o mundo com uma nova perspectiva.
- **Paixão e motivação**. Ao ter curiosidade sobre algo, você sente uma motivação interna para se aprofundar e explorar ainda mais sobre aquilo. Essa paixão e motivação impulsionam sua busca por respostas e conhecimento que alimentam sua criatividade, pois está com sede de explorar o novo.

Mantendo esses hábitos de utilizar ferramentas para te ajudar na sua jornada criativa, encurtará seu processo. Utilize-as quando for viajar para um lugar novo e ver algo que te inspire a utilizar no seu projeto. A criatividade também se desenvolve com seu repertório visual.

Bloqueios criativos. Sim, eles existem

Os bloqueios criativos são comuns para todos. Alguma hora você já se deparou ou irá se deparar com eles. Quando você se depara com um bloqueio criativo em um projeto, algo bom a se fazer é buscar referências em outros trabalhos feitos por pessoas que você tem como inspirações. Uso a modelagem em várias situações da minha vida.

Uma das causas para ter um bloqueio criativo são os ambientes com frequência muito baixa. A criatividade está totalmente ligada aos ambientes com frequência mais alta. Outra coisa que você pode fazer é ter seu momento de descanso, seu desfrute. Muito tempo com a mente focada em vários projetos ao mesmo tempo não é bom. Então, tenha um tempo para desfrutar, recarregar as energias e voltar com força total.

Faça exercícios físicos, vá para a academia, corra ou pratique algum esporte, libere os hormônios da endorfina e dopamina para o bem-estar e o prazer, aumente a criatividade fazendo com que tenha mais *insights* e ideias.

Prefira trabalhar em equipe

Algo que aprendi no decorrer da minha jornada é que caminhar sozinho não é algo bom. Você até pode, mas com outras pessoas fazendo uma pressão saudável para te impulsionar a alcançar seu potencial máximo, irá mais longe. A colaboração de outros na sua estrada da criatividade é algo muito valioso, pois, juntos, podem pensar em ideias e ter *insights* que sozinho você não teria. Com isso, vem a importância **dos *feedbacks* de outras pessoas.** Andar acompanhado ajuda você a ter uma visão de fora de seus projetos. Enquanto você está totalmente focado na sua criação, pode ser difícil ver certos aspectos ou pontos fracos. O *feedback* de outras pessoas pode destacar coisas que você não percebeu e dar novas perspectivas.

O ***brainstorming* conjunto também** te ajudará muito. Ao colaborar com outras pessoas, você aprende e discute vários pontos que às vezes nunca teria parado para pensar antes, fazendo com que surjam soluções novas e criativas.

Ao colaborar com pessoas de diferentes áreas, você terá amigos a seu lado para complementar habilidades, pois as pessoas que possuem conhecimentos e habilidades diferentes das suas podem abrir caminhos para você.

Cultivando um ambiente criativo

A criatividade também está ligada ao ambiente, não só com as pessoas que convive. Se estiver desorganizado, sua mente também estará e talvez não consiga desenvolver ideias para seus projetos.

Assim, você precisa **manter seu espaço limpo.** Comece organizando e limpando sua mesa ou área de trabalho. Remova coisas desnecessárias e guarde tudo em seus devidos lugares. Um espaço limpo ajuda a ter uma mente mais clara e livre para criar, assim a bagunça não rouba sua energia.

Por fim, **doe ou jogue fora coisas que não precisa.** Dê uma olhada em seu espaço de trabalho e se livre de coisas que você não usa mais. Isso mantém o espaço organizado, também pode ser uma forma de se desapegar de ideias ou projetos que não estão fluindo como você esperava.

Novos conhecimentos são importantes e combustível para sua criatividade, cada experiência que você vive traz novos conhecimentos. Pode ser aprender sobre uma nova cultura, um *hobby*, um esporte ou até mesmo uma nova habilidade.

Algo que aprendi ao longo da minha jornada absorvendo conhecimentos é que a **habilidade de resolver problemas** é muito valiosa. Todas as experiências que você já viveu trazem bagagem para a solução de problemas criativos que aparecerão como um desafio para você se superar e subir de nível.

Quanto mais você caminha vivendo seu propósito de vida que Deus te deu, e se permitindo viver o novo que Ele tem para sua vida, você enriquece a sua mente com novos aprendizados e vivências. Ao utilizá-los, abrirão portas para impulsionar sua mentalidade criativa.

Transformando ideias em realidade

Uma das melhores formas para fazer isso é **definir metas claras**. Primeiro, pense em um objetivo específico que você deseja alcançar. Isso pode te fazer aprender uma nova habilidade, concluir um projeto ou alcançar um novo objetivo. No começo, você pode **dividir em etapas menores**. Grandes metas podem parecer inatingíveis ou que vão demorar demais para serem alcançadas, mas você pode torná-las mais alcançáveis dividindo-as em etapas menores. Lembre-se de que os micro resultados te levam a lugares poderosos.

Não adianta você dizer que vai fazer sem **estabelecer datas para começar**. Defina prazos para cada etapa do seu plano. Isso ajudará a manter o foco e a motivação para avançar. Colocar datas ajuda a manter o ritmo e evita a procrastinação.

Algo que eu faço e aprendi é que, se fizer tarefas estabelecidas, estas levam a ter novos resultados exponenciais. Ao **priorizar as tarefas** e determinar quais são as mais importantes para alcançar sua meta, concentre-se nelas primeiro. Além disso, defina tarefas diárias para realizar, procure trabalhar nelas regularmente, mesmo que seja em pequenos passos. A constância é melhor que a intensidade.

Por fim, algo muito importante a se fazer é **celebrar suas conquistas**, grandes ou pequenas. Reconhecer o progresso e as vitórias ao longo do caminho ajuda a manter a motivação, a energia e a inspiração para continuar avançando.

Uma coisa que você precisa lidar nessa jornada criativa é com o perfeccionismo. Ao lidar com ele, você descobre como deixar sua criatividade fluir sem se preocupar com pequenos detalhes. Aprenda uma coisa, o feito é melhor que o perfeito. Então, aja!

O primeiro passo é **reconhecer que você é ou está perfeccionista**. Isso significa que deseja que tudo saia absolutamente perfeito, o que pode acabar atrasando ou bloqueando a execução de suas ideias. Então, **não tenha medo do fracasso**, o perfeccionismo muitas vezes pode ser pelo medo de fracassar ou de não ser bom o suficiente. Como diz Pablo Marçal, você nunca perde ou ganha, aprende. E como diz Paulo Vieira, tem poder quem age! Então, mesmo que não esteja tudo perfeito, faça, porque aprenderá no processo. **Concentre-se no progresso, não na perfeição**. Celebre cada passo que você dá em direção à realização de suas ideias.

Espero que os *insights* e as dicas que compartilhei façam com que você ative sua criatividade. Lembre-se de que precisam ser aplicados; caso contrário, podem gerar obesidade cerebral em você. A criatividade é uma habilidade que pode ser aprimorada com prática e dedicação. Continue explorando, experimentando e nunca limite sua imaginação. O céu é o limite quando se trata de criatividade.

TAREFAS

1. Cite, no espaço a seguir, o que você precisa melhorar na sua mentalidade criativa com os *insights* mostrados?

_____

_____

2. Em relação ao seu ambiente criativo, dê uma nota de 0 a 10 para as pessoas com quem anda e seu ambiente de trabalho. Depois, liste o que pode fazer para melhorar as notas para 10.

_____

_____

_____

3. Defina, no mínimo, 5 metas claras para realizar seus objetivos.

_____

_____

_____

CAPÍTULO 19

IDENTIDADE E PROPÓSITO

Vivendo meu processo

Para ter sucesso em qualquer âmbito da vida, você precisa ter sua identidade firmada. E o que é a identidade? São todas as características que te definem e como você se vê no mundo, é um processo de autodescoberta e autorreflexão, um processo intenso e necessário na vida de qualquer pessoa.

Existe a sua identidade atual e a que você nasceu para ser, ela é dita por Deus e é quem você nasce para ser que precisa estar no seu coração, quem você verdadeiramente é, a imagem e semelhança do criador.

Algo importante é ter relacionamento com Deus, buscá-lo todos os dias. Assim, Ele afirma para você sua identidade, além de outros benefícios que isso te dá. Ter um relacionamento íntimo com o Pai te ajuda em todos os pilares da sua vida, família, resultados, amizades, aprender mais sobre a palavra e muito mais.

Ao ter um relacionamento forte com o Senhor, Ele te mostrará seu propósito de vida, seu chamado aqui na Terra, te guiará em todas as áreas. Mas não confunda propósito com objetivo: objetivo tem data para começar e para acabar; já o propósito começa, mas nunca termina. Sem ele não há vida nem felicidade, viver seu chamado é construir um legado.

Ao aceitar o caminho e vivê-lo, não existe mais volta, você entrará em uma jornada transformadora em que necessitará de dedicação, foco, evolução; principalmente, e a obediência ao Senhor. Se Ele ordena fazer algo não resista, apenas faça, pois sempre tem um ótimo motivo que às vezes não conseguimos entender de início, mas tudo se clarifica no final.

Claro que não será fácil. Muitas pessoas podem falar o que for sobre o caminho que está seguindo, que fazer outra coisa da vida seria melhor, parar com isso porque não é para você, ou ninguém te apoiar dizendo que não vai dar certo, te encorajando a desistir de tudo. Você poderá ouvir isso de pessoas que você nem esperaria, mas eu te garanto que se você não der ouvidos e seguir firme no que Deus te prometeu para viver, vai dar certo.

Eu não estou te falando tudo isso porque ouvi histórias, realmente passei por isso. No começo, ninguém me levava a sério além dos meus pais, meus amigos não me apoiavam e falavam que fazer outra coisa seria melhor e que a minha profissão no empreendedorismo e edição de vídeo desde novo não era para mim. Com a chegada das palestras para intensificar minha mensagem, mostrei resultados, mesmo assim zombavam de mim.

E estava tudo bem, não deixei isso entrar na minha mente porque sei da minha identidade, segui meu caminho e continuo crescendo até hoje e isso me deixa muito feliz em saber que é só o começo. Aceitei uma missão de transformar vidas e não vou desistir porque não tem mais volta.

Siga o mesmo caminho, não desista do seu propósito, tenha sua identidade firmada. Acredito em você.

Parabéns por ter chegado até aqui! Espero que você aplique todas as dicas que compartilhei, que cresça e evolua muito na sua jornada. Não deixe de fazer as tarefas, elas te ajudarão a tornar mais claros seu foco e objetivo.

TAREFAS

1. Qual é o seu propósito de vida? Coloque, a seguir, o que fará para realizar objetivos dentro de seu propósito de vida.

_____

_____

2. Qual é a sua identidade? Escreva o que entendeu sobre ela e o que precisa melhorar para firmá-la em você.

_____

_____

3. Como está sendo seu relacionamento com o Criador? Está dedicando tempo para Ele? Se sim, quais resultados você já teve com essa prática? Caso contrário, escreva o que fará para ter um tempo com Deus e os resultados que obteve.

_____

_____

_____

Agora, é só deixar o rio fluir. Você aprendeu coisas valiosas aqui, então não deixe tudo isso guardado para você, ensine outras pessoas, lembre-se de que, quando observa e entende, aprende; quando o conhecimento recebido é aplicado, aprende duas vezes; ao ensinar, aprende três vezes.

Transborde na vida das pessoas e continue na sua jornada vivendo seu propósito! "tmj" Deus te abençoe!

POSFÁCIO

Este livro tem como foco o incentivo aos jovens no empreendedorismo, porém, devido a motivos que são de caráter pouco excepcional no Brasil no que se diz respeito à relativa falta de incentivo, esses jovens, muitas vezes, não se sentem capazes! Por serem menores de idade, ou pelas condições que vivem em um cenário, muitas vezes, não favorável; então vão em busca do mais fácil, do mais "rápido", do mais cômodo do que do próprio negócio. Fato que, de acordo com o título deste livro "Empreendedorismo não tem idade" o autor, tão jovem, já com resultados exponenciais, escolheu o caminho do conhecimento explorando o privilégio de ter acesso às informações iniciais na palma de suas mãos.

Claramente, todas as pessoas antes de completar a maioridade almejam um bom futuro, contudo, algum empreendimento para iniciar, porém, muitas vezes, ao se deparar com diversas dificuldades, de imediato, as pessoas migram para os ideais mais viáveis e fáceis para fugir da "exclusão" do mercado. Mas o cenário atual nos mostra um número de jovens envolvidos com empreendedorismo que vem crescendo cada vez mais. Com certeza, esse é um reflexo da globalização, onde desde cedo a facilidade de acesso à informação facilita muito a vida das pessoas, e amplia a visão dos jovens que enxergam uma maior viabilidade em empreender iniciando um negócio do que se aventurar no mercado de trabalho com os injustos salários. Tendo em vista esse cenário, o autor, de apenas 14 anos, monta um "LEGO" para nos explicar melhor como funciona a mente e a vida de um jovem empreendedor quando se tem incentivo dos pais, quando está dentro do contexto espiritual bem definido não negociando princípios e valores e quando se tem mentores que norteiam um caminho já percorrido com a experiência do que dá ou não dá certo somado à clareza de aonde se quer chegar.

Em uma apresentação inicial de ideias acerca do empreendedorismo, o autor Pietro revela uma base para entender os diversos motivos que levam as pessoas e, principalmente os jovens, a empreender. Essa base se chama Deus, família e foco.

Pietro dá como motivo fundamental o aprendizado que as pessoas ganham ao longo da vida, até porque, sabe-se que, em muitos lugares devido às condições das pessoas, nem todos conseguem se escolarizar de forma correta. Porém, o aprendizado que leva as pessoas a empreender nem sempre tem como base o que se aprende na escola, e sim o conhecimento adquirido com experiências que vêm dos pais, que são os espelhos que refletem nessa formação empreendedora. Pietro, no caso, teve, além dos aprendizados escolares, inspirações dentro de casa, pois o pai, que é seu incentivador, sempre fez com que ele se sentisse capaz de sonhar e realizar reforçando seu potencial; já a mãe, seu escudo de amor mais profundo, visionária... trazendo o equilíbrio com a proteção em seu lado mais sensitivo e o cuidadoso que só mãe tem, mostrando caminhos sólidos, ensinando o plantio em terra fértil.

Desejo que esta leitura desenvolva sua autoconfiança, que é fundamental para você tocar seus projetos. Lembrando que é importante você valorizar todos os resultados já alcançados. Capacitar-se e ter a percepção do alcance dos objetivos será uma maneira de fortalecer ainda mais o seu potencial.

Boa leitura!

Kelly Singularidade
A menina de rua que conquistou palcos pelo mundo levando sua voz e impactando vidas.

ANOTAÇÕES

ANOTAÇÕES 135

Livro impresso pela Gráfica Paym em novembro de 2023.
Composto nas tipologias Palatino LT Std Light e Nokia
Expanded Italic Black.